Foreign Copyright:
Joonwon Lee Mobile: 82-10-4624-6629

Address: 3F, 127, Yanghwa-ro, Mapo-gu, Seoul, Republic of Korea 3rd Floor
Telephone: 82-2-3142-4151
E-mail: jwlee@cyber.co.kr

옥효진 선생님의 매일매일 문해력왕 ⑦

2024. 6. 17. 초 판 1쇄 인쇄
2024. 6. 26. 초 판 1쇄 발행

지은이 | 옥효진
그 림 | 신경영
펴낸이 | 최한숙
펴낸곳 | BM 성안북스
주 소 | 04032 서울시 마포구 양화로 127 첨단빌딩 3층(출판기획 R&D 센터)
         10881 경기도 파주시 문발로 112 파주 출판 문화도시 (제작 및 물류)
전 화 | 02) 3142- 0036
         031) 950- 6300
팩 스 | 031) 955- 0510
등 록 | 1973. 2. 1. 제406-2005-000046호
출판사 홈페이지 | www.cyber.co.kr
이메일 문의 | smkim@cyber.co.kr
ISBN | 978-89-7067-450-6 (64710) / 978-89-7067-443-8 (set)
정 가 | 12,800원

이 책을 만든 사람들
총괄 · 진행 | 김상민
기획 | 북케어
본문 · 표지 디자인 | 정유정
홍보 | 김계향, 임진성, 김주승
국제부 | 이선민, 조혜란
마케팅 | 구본철, 차정욱, 오영일, 나진호, 강호묵
마케팅 지원 | 장상범
제작 | 김유석

■ 도서 A/S 안내

성안당에서 발행하는 모든 도서는 저자와 출판사, 그리고 독자가 함께 만들어 나갑니다.
좋은 책을 펴내기 위해 많은 노력을 기울이고 있습니다. 혹시라도 내용상의 오류나 오탈자 등이 발견되면 "좋은 책은 나라의 보배"로서 우리 모두가 함께 만들어 간다는 마음으로 연락주시기 바랍니다. 수정 보완하여 더 나은 책이 되도록 최선을 다하겠습니다.
성안당은 늘 독자 여러분들의 소중한 의견을 기다리고 있습니다. 좋은 의견을 보내주시는 분께는 성안당 쇼핑몰의 포인트(3,000포인트)를 적립해 드립니다.
잘못 만들어진 책이나 부록 등이 파손된 경우에는 교환해 드립니다.

평생 문해력을 만드는 하루 네 장 공부 습관!

옥효진 선생님의 매일매일 문해력왕 ⑦

1교시 : 명절과 크리스마스

2교시 : 예절과 종교

3교시 : 음식과 식재료

4교시 : 직업과 취미

BM 성안북스

우리는 하루 동안 수없이 많은 말을 들어요. 엄마, 아빠가 나에게 해 주시는 말들, 학교에서 쉬는 시간 동안 친구들과 나누는 말, 선생님이 수업 시간에 해 주시는 설명들, 만화나 영화 같은 영상 속 등장인물들이 하는 말들을 듣죠. 또, 수없이 많은 글을 읽고 있어요. 재미있는 이야기책 속의 글들, 교과서에 적혀 있는 글들, 길을 걸어가며 보이는 안내문과 간판들. 우리는 말과 글에 둘러싸여 살아가고 있다고 할 수 있는 거죠. 그런데 여러분은 여러분이 보고 듣는 것들을 얼마나 이해하고 있나요? 말을 듣는다고 모든 말을 이해하는 것은 아니에요. 글을 읽는다고 모든 글을 이해하는 것도 아니죠.

우리가 듣는 말과 읽는 글을 이해하기 위해서는 문해력이 필요해요. 문해력이란 내가 읽는 글, 내가 쓰는 글, 내가 듣는 말, 내가 하는 말의 뜻을 이해하고 내 것으로 만드는 능력이에요. 여러분이 읽게 될 교과서 속 글들도, 수업 시간에 선생님이 하는 말씀도, 갖고 싶었던 장난감의 설명서를 읽고 장난감을 사용하는 것도

이 문해력 없이는 어려운 일이에요. 문해력이 있어야 여러분이 보고 듣는 것을 이해할 수 있죠. 다시 말하자면 문해력이 점점 자랄수록 여러분이 경험하고 이해할 수 있는 세상이 점점 넓어지는 것이랍니다.

그래서 문해력을 어릴 적부터 기르는 게 중요해요. 하지만 문해력은 글자를 읽고 쓸 줄 안다고 저절로 생기는 것은 아니에요. 많은 글을 읽으면서 글이 어떻게 쓰여 있는지, 이 글에 담겨 있는 뜻은 무엇인지를 이해하는 연습을 해야 해요. 유명한 운동선수가 매일매일 꾸준히 연습하고, 훈련을 하는 것처럼 말이에요. 오늘부터 선생님과 함께 매일매일 문해력을 기르는 연습을 해 보는 건 어떨까요? 여러분도 모르는 사이에 여러분이 문해력 왕이 되어 있을지도 몰라요. 그만큼 세상을 보는 여러분의 눈도 쑥쑥 자라 있겠죠.

이 책을 통해 여러분들의 문해력이 쑥쑥 자라나기를 바라요. 그리고 쑥쑥 자라난 문해력으로 이제 막 세상에 발걸음을 떼기 시작하는 여러분이 볼 수 있는 세상이 넓어지기를 바랍니다.

옥효진 선생님

QR 코드를 찍어
이 책을 보는 법을
영상으로 만나 보세요!

초등 교과 전체에서 핵심 주제를 뽑아 어휘, 문법, 독해, 한자까지 익힐 수 있도록 일주일 프로그램으로 구성했습니다.

주제와 관련된 기본 어휘의 이해를 돕는 그림과 함께 익힐 수 있습니다.

주제와 관련된 기본 어휘인 명사, 동사, 형용사를 배웁니다.

주제와 관련된 의성어, 의태어를 배웁니다.

낱말 확장은 물론 속담, 관용어까지 배웁니다.

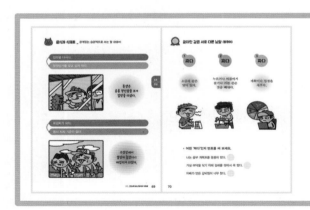

주제와 관련된 속담과 관용어를 익힙니다.

헷갈리기 쉬운 말, 잘못 쓰기 쉬운 말, 유의어, 반의어, 다의어, 동형어, 고유어, 외래어 등의 확장 낱말을 익힙니다.

7급, 8급 수준의 한자에서 추출한 문해력 핵심 한자를 배웁니다.

한 주에 1개의 핵심 한자와 연관된 한자어 5개를 학습합니다.

그림과 예시글을 통해 한자 사용의 이해를 높였습니다.

직접 써 보는 공간도 마련했습니다.

짧은 문장으로 시작해서 긴 문단 독해까지 독해력이 성장할 수 있도록 구성했습니다.

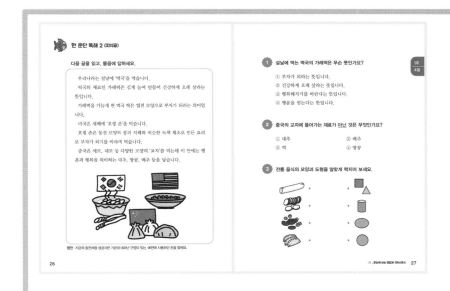

어순, 접속 부사, 종결형 문장, 시제, 높임말, 예사말, 피동, 사동, 부정 등을 익힐 수 있도록 했습니다.

주제와 관련된 확장 어휘를 사용하여 한 문장~세 문장 독해까지 완성된 문장을 만들 수 있도록 했습니다.

우화나 동화(문학), 생활에서 사용되는 지식글(비문학) 등 초등 교과에 담긴 12갈래 형식의 글을 통해 문제를 풀고 익힙니다.

※ 수학 개념을 적용한 문제까지 마련했습니다.

확인 학습을 통해 일주일간 학습한 내용을 복습합니다.

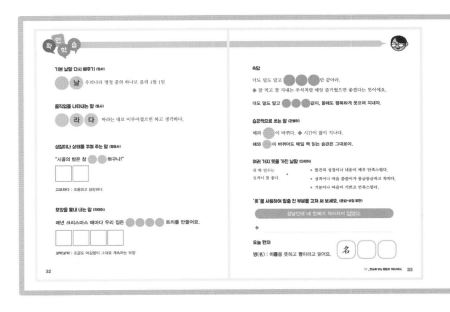

한 주간 배운 내용 중 핵심이 되는 내용을 추렸습니다.

일주일 안에 복습하는 공간을 만들어 학습한 내용을 장기 기억으로 저장할 수 있도록 했습니다.

목 차

1주

한눈에 보는
명절과 크리스마스

설날	우리나라 명절 중의 하나로 음력 1월 1일
떡국	가래떡을 비스듬하고 얇게 썰어 맑은 국에 넣고 끓인 음식
윷놀이	편을 갈라 윷을 던져 이기고 지는 것을 가르는 놀이
송편	쌀가루를 반죽하여 팥, 밤, 깨 같은 것을 넣고 반달이나 조개 모양으로 빚어서 솔잎을 깔고 찐 떡
소원	어떤 일이 이루어지기를 바라는 일
산타	크리스마스 전날 밤에 어린이의 양말에 선물을 넣고 간다는 할아버지

설날   떡국   복   한복   윷놀이

세배   추석   송편   보름달   소원

강강술래   성탄절   산타   선물   크리스마스트리

명절과 크리스마스를 나타내는 말을 알아봅시다. (동사)

세배하다	절하다	바라다	이루어지다	빌다
마음먹다	오가다	차리다	채우다	놓다

세배하다 설날에 웃어른께 인사로 절하다.

바라다 바라는 대로 이루어졌으면 하고 생각하다.

빌다 바라는 것이 이루어지도록 신이나 사람에게 간절히 부탁하다.

차리다 음식을 상 위에 벌이다.

채우다 한곳에 사람, 사물, 냄새가 가득하게 하다.

놓다 물건을 어떤 곳에 두다.

 소원과 설날은 각각 어떤 일을 하는지 따라 써 보세요.

바라다

이루어지다

빌다

세배하다

오가다

차리다

명절과 크리스마스의 성질이나 상태를 꾸며 주는 말을 알아봅시다. (형용사)

편하다 몸이나 마음이 괴롭지 않아서 좋다.

불편하다 어떤 것을 하는 게 괴롭다.

거룩하다 뜻이 매우 높고 위대하다.

부족하다 충분하지 않다.

고요하다 조용하고 잠잠하다.

포근하다 도톰한 물건이나 자리가 보드랍고 따뜻하다.

 어떤 말이 들어가야 할까요?

부족   **불편**   **포근**   **고요**

• "   하게 서 있지 말고 편하게 여기 앉으렴."

• 가족이 많이 모여서 함께 먹을 송편이   하다.

•   한 담요 위에서 캐롤을 들으니 잠이 솔솔 온다.

• "시골의 밤은 참   하구나!"

한 문장 독해 _ 한 문장으로 된 글을 읽고, 물음에 답하세요.

> 설날에 할아버지와 할머니께 세배를 드렸어요.

1. 세배를 드린 날은 언제인지 쓰세요.

....

> 송편은 추석에 먹는 반달 모양의 떡이다.

2. 추석에 먹는 떡은 무엇인가요?

> 가래떡 / 꿀떡 / 송편

> 대보름날에는 보름달에 소원을 빌면 이루어진다는 말이 있어요.

3. 대보름날에는 보름달에 무엇을 하나요?

> 소원을 빌어요. / 빙빙 돌아요. / 말을 걸어요.

두 문장 독해 _ 두 문장으로 된 글을 읽고, 물음에 답하세요.

> 복주머니는 복을 가득 채우는 주머니이다.
> 할머니께서 복 대신이라고 하시며 세뱃돈을 넣어 주셨다.

1. 복을 가득 채우는 주머니의 이름을 쓰세요.

....

> "지훈아, 크리스마스 선물로 뭘 받고 싶니?"
> "저는 과학 실험 도구를 받고 싶어요."

2. 지훈이가 선물 받는 날은 언제인가요?

> 추석 / 생일날 / 설날 / 크리스마스

> 설날에 온 가족이 둘러앉아 윷놀이를 했다.
> 역시 윷놀이는 할아버지께서 제일 잘하셨다.

3. 설날에 온 가족이 둘러앉아 무엇을 했나요?

> 윷놀이를 했다.
> 떡국을 먹었다.
> 제기차기를 했다.

세 문장 독해 _ 세 문장으로 된 글을 읽고, 물음에 답하세요.

> 설날은 한 해의 시작인 음력 1월 1일이다.
> 우리 민족 최대의 명절이며, 설날 아침에는 차례를 지낸다.
> 옛날에는 설날이면 마을 사람들이 모두 어울려 팽이치기, 연날리기를 했다.

음력 : 현재에도 명절의 날짜를 정할 때 사용하는 우리나라의 전통 날짜 계산법

1. 설날의 음력 날짜는 언제인가요?

....

2. 설날 아침에는 무엇을 지내나요?

....

3. 옛날에는 설날에 마을 사람들이 모두 어울려 무엇을 했나요?

....

모양을 흉내 내는 말 (의태어)

● 설날 아침에 하게 말린 가래떡을 썰어서 떡국을 끓여요.

꾸덕꾸덕 : 물기 있는 물체의 겉이 조금 마르거나 얼어서 꽤 굳어진 상태

● 12월이 되면 나도 모르게 크리스마스 노래를 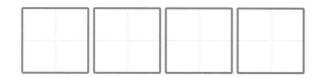거린다.

흥얼흥얼 : 흥에 겨워 입속으로 계속 노래를 부르는 모양

● 제기차기를 열심히 했더니 제기가 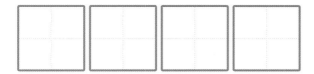하다.

너덜너덜 : 종이나 헝겊이 여러 가락으로 늘어져 자꾸 흔들리는 모양

● 매년 크리스마스 때마다 우리 집은 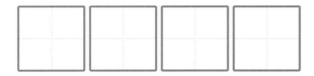트리를 만들어요.

꼬박꼬박 : 조금도 어김없이 그대로 계속하는 모양

더도 덜도 말고 가윗날만 같아라.

잘 먹고 잘 지내는 추석처럼 매일 즐거웠으면 좋겠다는 뜻이에요.

가윗날 : 음력 8월 보름날, 추석

더도 덜도 말고
가윗날같이,
올해도 행복하게
웃으며 지내자.

떡 본 김에 제사 지낸다.

우연히 좋은 기회에 하려던 일을 해치운다는 말이에요.

장이 섰네?
떡 본 김에 제사 지낸다고,
온 김에 과일도
사 가야겠어!

명절 크리스마스 _ 관계있는 습관적으로 쓰는 말 (관용어)

송편을 물다.

화가 난 모양

어떡하지?
언니가 나 때문에
송편 문 얼굴이야.

해와 달이 바뀌다.

시간이 많이 지나다.

해와 달이 바뀌어도
매일 책 읽는
습관은 그대로야.

여러 가지 뜻을 가진 낱말 (다의어)

1 좋다

물건의
성질이나 내용이
매우 만족스럽다.

2 좋다

성격이나
마음 씀씀이가
둥글둥글하고
착하다.

3 좋다

기분이나
마음이 기쁘고
만족스럽다.

• 어떤 '좋다'인지 번호를 써 보세요.

"소풍으로 놀이공원에 오니 기분이 정말 좋다!"

내 짝 민수는 성격이 참 좋다.

산책 길의 나무들이 보기 좋게 늘어서 있다.

'못'을 사용하여 밑줄 친 부분을 고쳐 써 보세요. (문법-부정 표현)

> **못 부정문**은 상황이 안 돼서 할 수 없거나, 하고 싶지만 내 힘으로
> 할 수 없을 때 사용하는 부정 표현이에요.
>
> ➜ 너무 시끄러워서 **못 들었어**.

"깜박 잊고 크리스마스 선물 준비를 <u>했어</u>."

➜ ....

이번 추석에는 너무 바빠서 송편을 <u>만들었어요</u>.

➜ ....

오늘 밤에 비가 와서 보름달을 <u>봤다</u>.

➜ ....

설날인데 내 한복이 작아져서 <u>입었다</u>.

➜ ....

다음 글을 읽고, 물음에 답하세요.

"델라, 나에게 새 시곗줄을 선물하기 위해 아름다운 금빛 머리카락을 팔았군요. 당신은 마음도 아름답군요. 고마워요. 이건 내가 준비한 크리스마스 선물이에요."

짐은 델라에게 보석 머리핀을 내밀었어요.

"짐. 갖고 싶었던 머리핀이네요. 정말 고마워요. 머리카락은 금방 자랄 테니 걱정하지 말아요."

그런데 새 시곗줄을 끼워야 하는데, 짐의 시계가 없는 게 아니겠어요?

"설마…. 내 선물을 사기 위해 시계를 판 거예요? 돌아가신 당신 할아버지께서 주신 소중한 시계잖아요."

1 델라가 짐을 위해 준비한 크리스마스 선물은 무엇인가요?

① 보석 머리핀　　　　　　② 시곗줄

③ 머리카락　　　　　　　④ 시계

2 짐은 델라의 머리핀 선물을 사기 위해 어떻게 했나요?

① 금빛 머리카락을 팔았어요.

② 시계를 팔았어요.

③ 할아버지께서 주셨어요.

④ 시곗줄을 팔았어요.

3 '그럴 리는 없겠지만 좋지 않은 쪽으로 미루어 생각함'이란 뜻으로 짐의 시계가 없는 것을 본 델라의 생각을 어떻게 나타냈나요?

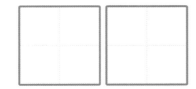 …. 내 선물을 사기 위해 시계를 판 거예요?

다음 글을 읽고, 물음에 답하세요.

우리나라는 설날에 '떡국'을 먹습니다.

떡국의 재료인 가래떡은 길게 늘여 만들어 건강하게 오래 살라는 뜻입니다.

가래떡을 가늘게 썬 떡국 떡은 엽전 모양으로 부자가 되라는 의미입니다.

미국은 새해에 '호핑 존'을 먹습니다.

호핑 존은 동전 모양의 콩과 지폐와 비슷한 녹색 채소로 만든 요리로 부자가 되기를 바라며 먹습니다.

중국은 세모, 네모 등 다양한 모양의 '교자'를 먹는데 이 안에는 행운과 행복을 의미하는 대추, 땅콩, 배추 등을 넣습니다.

엽전 : 지금의 동전처럼 생겼지만 가운데 네모난 구멍이 있는, 예전에 사용하던 돈을 말해요.

1 설날에 먹는 떡국의 가래떡은 무슨 뜻인가요?

① 부자가 되라는 뜻입니다.

② 건강하게 오래 살라는 뜻입니다.

③ 행복해지기를 바란다는 뜻입니다.

④ 행운을 얻는다는 뜻입니다.

2 중국의 교자에 들어가는 재료가 <u>아닌</u> 것은 무엇인가요?

① 대추   ② 배추

③ 떡   ④ 땅콩

3 전통 음식의 모양과 도형을 알맞게 짝지어 보세요.

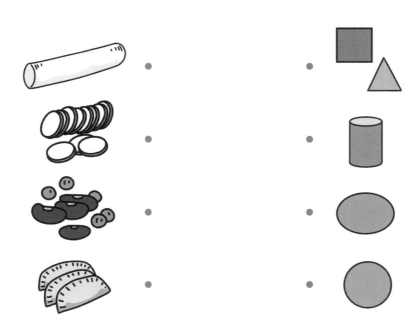

명(名)   이름을 뜻하고
명이라고 읽어요.

 다음 낱말을 큰 소리로 읽어 보세요.

명절   명함   서명

명예   유명

이 글자는 어두운 저녁에 멀리 있는 사람을 부르는 모양이에요.

모양	뜻	소리
名	이름	명

쓰는 순서와 쓰기

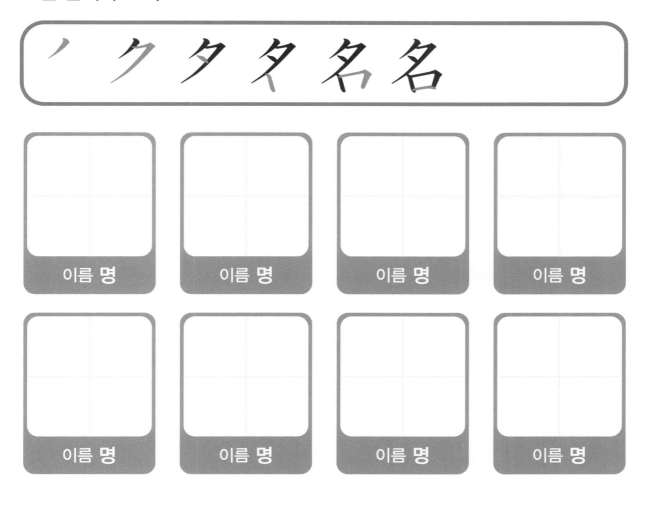

ノ　ク　タ　タ　名　名

이름 명	이름 명	이름 명	이름 명
이름 명	이름 명	이름 명	이름 명

낱말에 명(名)이 숨어 있으면, 그 낱말에는 '이름'의 뜻이 들어 있어요.

낱말에 똑같이 들어 있는 글자에 동그라미 하세요.	낱말에 숨어 있는 같은 한자에 동그라미 하세요.

명절

名절
해마다 지켜서 즐기거나 기념하는 때로
설날, 추석 같은 날

명함

名함
이름, 주소, 직업을 적은 네모난 종이로
소개할 때 주고받음

서명

서名
자기의 이름을 써넣거나 써넣은 것

명예

名예
세상에서 훌륭하다고 인정되는
이름이나 자랑

유명

유名
이름이 널리 알려져 있음

공통 글자는 무엇인지 써 보세요.	공통 한자는 무엇인지 써 보세요.

이름 명(名)이 숨어 있는 낱말에 동그라미 하고 써 보세요. (5개)

설날 명절에 삼촌이 온 가족에게 명함과 삼촌의 서명이 들어간 책을 나누어 주셨다. 명함에 '박사 김철수'라고 적혀 있었다. 삼촌이 명예로운 박사님이 되다니! 게다가 유명한 사람들이 나오는 TV 프로그램에도 나온다고 했다.

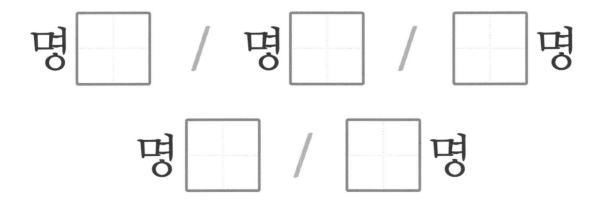

명[　][　] / 명[　][　] / [　][　]명

명[　][　] / [　][　]명

기본 낱말 다시 배우기 (명사)

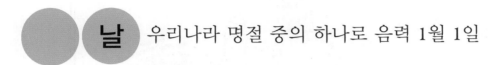

● **날** 우리나라 명절 중의 하나로 음력 1월 1일

움직임을 나타내는 말 (동사)

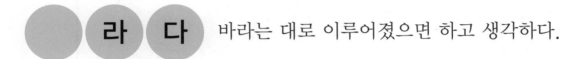

● **라** **다** 바라는 대로 이루어졌으면 하고 생각하다.

성질이나 상태를 꾸며 주는 말 (형용사)

"시골의 밤은 참 ●● 하구나!"

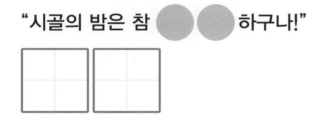

고요하다 : 조용하고 잠잠하다.

모양을 흉내 내는 말 (의태어)

매년 크리스마스 때마다 우리 집은 ●●●● 트리를 만들어요.

꼬박꼬박 : 조금도 어김없이 그대로 계속하는 모양

속담

더도 덜도 말고 ◯◯◯ 만 같아라.

➜ 잘 먹고 잘 지내는 추석처럼 매일 즐거웠으면 좋겠다는 뜻이에요.

더도 덜도 말고 ◯◯◯ 같이, 올해도 행복하게 웃으며 지내자.

습관적으로 쓰는 말 (관용어)

해와 ◯ 이 바뀌다. ➜ 시간이 많이 지나다.

해와 ◯ 이 바뀌어도 매일 책 읽는 습관은 그대로야.

여러 가지 뜻을 가진 낱말 (다의어)

내 짝 민수는
성격이 참 좋다.

● 물건의 성질이나 내용이 매우 만족스럽다.

● 성격이나 마음 씀씀이가 둥글둥글하고 착하다.

● 기분이나 마음이 기쁘고 만족스럽다.

'못'을 사용하여 밑줄 친 부분을 고쳐 써 보세요. (문법-부정 표현)

설날인데 내 한복이 작아져서 <u>입었다.</u>

➜ . . . .

오늘 한자

명(名) : **이름**을 뜻하고 **명**이라고 읽어요.

名 ◻ ◻ ◻

2주

한눈에 보는
예절과 종교

예절　인사　예의　안부　은혜　진심　종교

교회　절　성당　기도　하느님　예수

부처　마리아　목사　스님　신부　수녀

예절　사회생활이나 사람 사이의 관계에서 존경을 보이기 위해서 나타내는 말투나 몸가짐, 예의에 관한 모든 방법, 순서, 차례

인사　만나거나 헤어질 때에 예의를 표하는 말이나 행동

은혜　하느님, 부처님처럼 믿는 신에게 받는 특별한 사랑과 혜택

진심　거짓이 없는 참된 마음

종교　신에 대한 믿음을 통하여 힘든 것을 해결하고 삶의 의미를 만들어 가는 문화

기도　인간보다 능력이 뛰어나다고 생각하는 존재에게 비는 것

예절과 종교를 나타내는 말을 알아봅시다. (동사)

| 감사하다 | 믿다 | 숙이다 | 같이하다 | 인사하다 |
| 깨닫다 | 다하다 | 정하다 | 기도하다 | 돌아보다 |

믿다   신이나 종교를 소중히 대하면서 따르다.

같이하다   어떤 뜻이나 행동을 서로 다르지 않게 하나로 하다.

숙이다   앞으로 또는 한쪽으로 기울게 하다.

깨닫다   깊이 생각하여 알게 되다.

다하다   어떤 일을 위하여 힘과 마음을 모두 쓰다.

돌아보다   지난 일을 다시 생각해 보다.

 인사와 종교는 각각 어떤 일을 하는지 따라 써 보세요.

감사하다

숙이다

인사하다

믿다

기도하다

깨닫다

38

예절과 종교의 성질이나 상태를 꾸며 주는 말을 알아봅시다. (형용사)

겸손하다	남을 존중하고 자기를 내세우지 않는다.
공손하다	말이나 행동이 겸손하고 예의 바르다.
중요하다	꼭 필요하다.
소중하다	매우 귀하고 중요하다.
위대하다	뛰어나고 훌륭하다.
두렵다	무서워서 마음이 불안하다.

 어떤 말이 들어가야 할까요?

겸손　　　**중요**　　　**두려**　　　**위대**

- "내일은 　　　　　　 한 날이니 절대 늦으면 안 돼."

- 항상 　　　　　　 한 마음가짐을 가져야 한다.

- "과학자 아인슈타인은 정말 　　　　　　 하구나!"

- 믿음이 있으면 아무것도 　　　　　　 울 것이 없다.

> 나는 학교 가는 길에 친구와 반갑게 인사했다.

1. 나는 친구와 무엇을 했는지 쓰세요.

. . . .

> 악수는 서로 한 손을 건네어 잡는 인사 방법이다.

2. 서로 한 손을 건네어 잡는 인사 방법은 무엇인가요?

> 악수 / 절 / 대화

> 우리나라의 식사 예절 중 하나는 음식을 먹을 때 쩝쩝대지 않는 것이다.

3. 음식을 먹을 때 어떻게 먹어야 하나요?

> 쩝쩝대며 먹는다. / 큰 소리를 내며 먹는다. / 쩝쩝대지 않는다.

두 문장 독해 _ 두 문장으로 된 글을 읽고, 물음에 답하세요.

> 인사를 할 때는 양손을 모으거나 다리 옆쪽에 붙여요.
> 고개는 적당하게 숙이며, 다리를 벌리지 않도록 해요.

1. 인사를 할 때 고개는 어떻게 하는지 쓰세요.

....

> "우리 가족은 일요일마다 교회에 가."
> "그렇구나. 우리 집은 주말에 가끔 절에 가."

2. 두 친구가 가는 곳은 어디인가요?

> 성당, 절 / 교회, 절 / 성당, 교회 / 학교, 교회

> 우리나라는 옛날부터 예의를 중요시했다.
> 예의는 다른 사람을 소중하게 대하는 마음에서 시작된다.

3. 예의는 무엇에서부터 시작되나요?

> 다른 사람을 무시하는 마음
> 다른 사람을 소중하게 대하는 마음
> 나만 중요하다는 마음

세 문장 독해 _ 세 문장으로 된 글을 읽고, 물음에 답하세요.

> 자연과 신에게 무엇인가를 바라는 마음이 종교를 만들었다.
> 아주 먼 옛날 사람들이 동굴 벽에 사냥하는 모습을 그린 그림이 발견되었다.
> 사냥이 잘되기를 바라는 마음으로 그린 것인데, 최초로 종교의 의미가 담겼다고 한다.

1. 어떤 마음이 종교를 만들었나요?

2. 사냥하는 모습을 그린 그림이 발견된 곳은 어디인가요?

3. 사냥하는 모습을 그린 그림은 어떤 마음으로 그렸을까요?

소리를 흉내 내는 말 (의성어)

- 할아버지께서 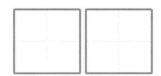 기침 소리를 내며 방 안에 들어오셨다.

  어험 : 점잖게 일부러 크게 기침하는 소리

- 버스에서 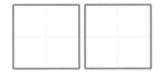 떠들면 안 돼요.

  왕왕 : 귀가 먹먹할 정도로 크고 시끄럽게 떠드는 소리

- 음식을 먹을 때는  거리지 않게 조심해야 해요.

  쩝쩝 : 입맛을 다시는 소리

- 기침이 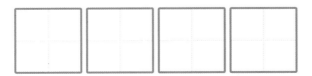 나올 때는 팔이나 손으로 가려요.

  콜록콜록 : 감기나 천식 같은 것 때문에 가슴 속에서 잇따라 울려 나오는 기침 소리

미운 사람에게는 쫓아가 인사한다.

미운 마음이 들어도 잘해 주고 담아 두지 말라는 뜻이에요.

미운 사람에게는
쫓아가 인사한다는데,
그만 화해하고
마음 푸는 게 어떠니?

뛰어 보았자 부처님 손바닥

도망쳐 봐야 크게 벗어날 수 없다는 말이에요.

뛰어 보았자
부처님 손바닥이지.
찾았다!

예절과 종교 _ 관계있는 습관적으로 쓰는 말 (관용어)

인사를 붙이다.

처음 만나서 이름을 말하며 자기를 소개하다.

새 학기엔
내가 먼저 반 친구들에게
인사를 붙여야지!

하느님 맙소사

몹시 놀라는 말

하느님 맙소사.
이건 엄마가
무척 아끼시는 건데!

헷갈리기 쉬운 낱말 (맞춤법)

 **쫓다**   있는 자리에서 떠나도록 몰아내다.

 **좇다**   남의 말이나 뜻을 그대로 따르다.

 잘못 쓰기 쉬운 낱말 (맞춤법)

 **바람**   어떤 일이 이루어지기를 기다리는 간절한 마음

바람   ~~바랩~~

- '쫓다'와 '좇다'를 구분해 알맞은 말에 동그라미 해 보세요.

  나쁜 풍습을 무조건 **쫓는** **좇는** 것은 전통이라 할 수 없다.

  엄마는 모기를 **쫓기** **좇기** 위해 약을 뿌리셨다.

- 바르게 쓴 말에 동그라미 하세요.

  합창 대회에서 1등을 하고 싶은 우리 **바램** **바람** 이 이루어졌으면 좋겠다.

46

밑줄 친 예사말을 높임말로 고쳐 써 보세요. (문법-높임말과 예사말)

높임말은 사람이나 사물을 높여서 이르는 말로 주로 웃어른께 공경하는 마음을 담아 하는 말이에요.

예사말은 높이거나 낮추는 말이 아닌 보통 말로 주로 친구나 나이가 어린 사람에게 하는 말이에요.

생신에 　 웃어른의 　 댁에 　 뵙고

할아버지를 찾아<u>보고</u> 이야기를 나누었어요.

➡ ....

<u>나이가 많은 사람의</u> 말씀은 잘 새겨들어야 합니다.

➡ ....

할머니 <u>생일에</u> 온 가족이 모였어요.

➡ ....

내일은 제사를 지내기 위해 큰아버지 <u>집에</u> 간다.

➡ ....

다음 글을 읽고, 물음에 답하세요.

이번에는 까치가 쥐의 집에 찾아갔어요.

그러고는 **공손히** 허리를 굽혀 인사를 하며 말했어요.

"쥐님, 정말 죄송합니다만 먹을 것을 좀 나눠 주실 수 있을까요? 제가 배가 너무 고파서요."

"어서 오세요. 까치님. 당신은 꿩이나 비둘기와는 달리 참 예의 바르시군요. 잠시만 기다리세요. 먹을 것을 나눠 드릴게요. 우리 이웃 간에 친하게 지내요."

쥐는 음식을 잔뜩 가져와서 까치에게 주었어요.

까치는 다시 감사의 인사를 하고 집으로 돌아왔답니다.

공손하다. : 말이나 행동이 겸손하고 예의 바른 것을 뜻해요.

1 까치는 쥐에게 부탁하기 위해 어떻게 했나요?

① 쥐의 집에 찾아가서 명령했어요.

② 무조건 달라며 떼를 썼어요.

③ 공손하게 인사하며 부탁했어요.

④ 허리를 굽혀 울며 부탁했어요.

2주
4일

2 쥐는 공손한 까치에게 어떻게 했나요?

① 칭찬하고 돌려보냈어요.

② 먹을 것을 나눠 줬어요.

③ 혼을 낸 후 쫓아냈어요.

④ 꿩과 비둘기에게 보냈어요.

3 까치, 꿩, 비둘기는 쥐에게 어떻게 행동했을지 동그라미 해 보세요.

당신은 꿩이나 비둘기와는 달리 참 예의 바르시군요. 잠시만 기다리세요. 먹을 것을 나눠 드릴게요.

- 까치는 예의가 **바르다**　　**바르지 않다** .

- 꿩과 비둘기는 예의가 **바르다**　　**바르지 않다** .

다음 글을 읽고, 물음에 답하세요.

> **구세군**이 서울 탑골 공원 근처 **무료 급식소**를 찾아 설 명절 선물이 담긴 나눔 선물 상자를 전달했습니다.
>
> 이 무료 급식소는 **조계종 사회 복지 재단**에서 운영하는 곳인데요.
>
> 힘든 이웃을 위한 사랑은 종교를 넘어선 나눔으로 이어지면서 설 명절을 더욱 훈훈하게 만들고 있습니다.
>
> 이날 구세군은 나눔 선물 상자 500개를 전달했고, 다른 복지 시설에도 나눔 선물 상자를 전달할 계획입니다.
>
> 어린이 뉴스 강문해입니다.
>
>

구세군 : 기독교의 갈래 중 하나로 봉사를 중요시하며 사람들을 돕는 일을 해요.

무료 급식소 : 형편이 어려운 사람에게 돈을 받지 않고 음식이나 옷을 주는 곳이에요.

조계종 : 한국 불교의 갈래 중 하나로 우리나라에서 불교 갈래 중 가장 커요.

사회 복지 재단 : 사회적으로 어려운 사람을 돕기 위해 병원, 학교, 단체를 만들어 운영하는 곳이에요.

1 구세군이 한 활동인 것은 무엇인가요?

① 무료 급식소에 나눔 선물 상자를 전달했어요.

② 무료 급식소를 만들었어요.

③ 조계종 사회 복지 재단에서 일해요.

④ 추석 선물이 담긴 나눔 선물 상자를 만들었어요.

2 조계종의 활동에 대한 설명이 <u>아닌</u> 것은 무엇인가요?

① 서울 탑골 공원에 무료 급식소를 운영해요.

② 사회 복지 재단이 있어요.

③ 구세군과 함께 이웃을 도와요.

④ 나눔 선물 상자를 다른 복지 시설에도 전달할 예정이에요.

3 만약 구세군이 세 군데의 복지 시설에 나눔 선물 상자를 30개씩 전달한다면 총 몇 상자가 필요할까요?

30상자 + 30상자 + 30상자

30 + 30 + 30 = [ ] 상자

金

금(金) 쇠, 금을 뜻하고 금이라고 읽어요.

 다음 낱말을 큰 소리로 읽어 보세요.

김씨 임금 황금
금액 세금

김씨 : 예로부터 성씨 중 하나인 '김' 씨는 한자를 '금(金)'으로 사용

이 글자는 위는 뜨거운 것이 끓고 있고 아래에는 불을 피우던 가마 모양이에요.

모양	뜻	소리
金	쇠, 금	금

쓰는 순서와 쓰기

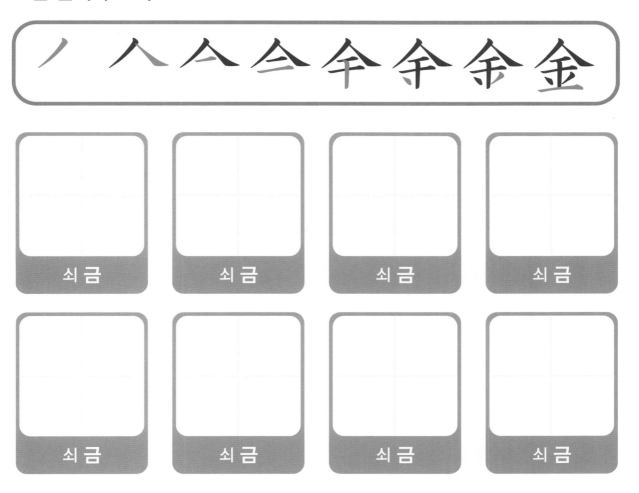

／ 人 人 스 仐 仐 金 金

쇠 금	쇠 금	쇠 금	쇠 금

쇠 금	쇠 금	쇠 금	쇠 금

낱말에 금(金)이 숨어 있으면 그 낱말에는 '쇠, 금'의 뜻이 들어 있어요.

낱말에 똑같이 들어 있는 글자에 동그라미 하세요.	낱말에 숨어 있는 같은 한자에 동그라미 하세요.
김씨	金씨 우리나라 성의 하나
임금	임金 옛날에 나라를 다스리는 우두머리를 부르는 말
황금	황金 누런빛의 금이라는 뜻
금액	金액 돈의 액수
세금	세金 국가에서 사용하기 위하여 국민으로부터 거두는 돈

공통 글자는 무엇인지 써 보세요.	공통 한자는 무엇인지 써 보세요.

쇠 금(金)이 숨어 있는 낱말에 동그라미 하고 써 보세요. (5개)

신라에는 김씨 성을 가진 임금님이 많았다. 옛날에 태어났다면 김씨인 나도 황금 왕관을 쓴 훌륭한 왕이 되지 않았을까? 가난한 사람에게 금액에 상관없이 물건을 나눠 주기도 하고, 세금은 적게 내게 해서 살기 좋은 나라를 만들었을 것 같다.

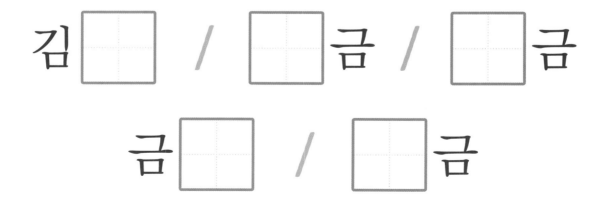

김 □□ / □□ 금 / □□ 금

금 □□ / □□ 금

기본 낱말 다시 배우기 (명사)

 만나거나 헤어질 때에 예의를 표하는 말이나 행동

움직임을 나타내는 말 (동사)

 깊이 생각하여 알게 되다.

성질이나 상태를 꾸며 주는 말 (형용사)

"과학자 아인슈타인은 정말 하구나!"

위대하다 : 뛰어나고 훌륭하다.

소리를 흉내 내는 말 (의성어)

음식을 먹을 때는 거리지 않게 조심해야 해요.

쩝쩝 : 입맛을 다시는 소리

속담

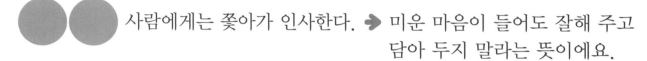

 사람에게는 쫓아가 인사한다. ➔ 미운 마음이 들어도 잘해 주고
담아 두지 말라는 뜻이에요.

○○ 사람에게는 쫓아가 인사한다는데, 그만 화해하고 마음 푸는 게 어떠니?

습관적으로 쓰는 말 (관용어)

○○ 를 붙이다. ➔ 처음 만나서 이름을 말하며 자기를 소개하다.

새 학기엔 내가 먼저 반 친구들에게 ○○ 를 붙여야지!

헷갈리기 쉬운 낱말과 잘못 쓰기 쉬운 낱말 (맞춤법)

엄마는 모기를 **쫓기** **좇기** 위해 약을 뿌리셨다.

합창 대회에서 1등을 하고 싶은 우리 **바램** **바람** 이 이루어졌으면 좋겠다.

밑줄 친 예사말을 높임말로 고쳐 써 보세요. (문법-높임말과 예사말)

할머니 생일에 온 가족이 모였어요.

➔ ....

오늘 한자

금(金) : 쇠, 금을 뜻하고 금이라고 읽어요.　金 □ □

3주

한눈에 보는

음식과 식재료

3주 한눈에 보는 음식과 식재료

음식   주방   주방장   요리사   솜씨   재료

간   정성   요리   육류   농산물   수산물

고기   생선   채소   과일   간식   후식

군것질   구이   프라이팬   냄비   조리 도구

주방   음식을 만들거나 차리는 곳

요리사   요리를 전문으로 하는 사람

솜씨   손으로 무엇을 만들거나 어떤 일을 하는 재주

양념   소금, 설탕, 간장처럼 음식의 맛을 더 좋게 하려고 쓰는 재료

음식과 식재료를 나타내는 말을 알아봅시다. (동사)

만들다	다듬다	썰다	상하다	삶다
익히다	끓이다	빻다	젓다	식다

만들다 노력이나 기술을 들여 어떤 것을 이루다.

다듬다 필요 없는 부분을 떼고 깎아 쓸모 있게 만들다.

상하다 음식이 변하거나 썩어서 먹을 수 없게 되다.

삶다 물에 넣고 끓이다.

빻다 찧어서 가루로 만들다.

식다 더운 기가 없어지다.

 요리사와 식재료는 각각 어떤 일을 하는지 따라 써 보세요.

만들다

익히다

빻다

다듬다

썰다

끓이다

음식과 식재료의 성질이나 상태를 꾸며 주는 말을 알아봅시다. (형용사)

신선하다	새롭고 산뜻하다.
적당하다	알맞다.
유명하다	이름이 널리 알려져 있다.
뛰어나다	남보다 훨씬 훌륭하거나 앞서 있다.
서투르다	익숙하지 못하다.
탁하다	액체나 공기에 다른 것이 섞여 흐리다.

 어떤 말이 들어가야 할까요?

적당　　　**뛰어난**　　　**유명**　　　**신선**

• 그 요리사는 방송에 나와서 　　　　　　　 요리 실력을 뽐냈다.

• "만두 크기가 　　　　　　　 해서 먹기 딱 좋아."

• "방금 딴 사과가 정말 　　　　　　　 하구나!"

• 이 떡볶이는 　　　　　　　 한 맛 집에서 사 온 것이다.

한 문장 독해 _ 한 문장으로 된 글을 읽고, 물음에 답하세요.

아빠가 바닷가에서 사 오신 생선은 매우 신선했다.

1. 아빠는 어디에서 생선을 사 오셨는지 쓰세요.

....

"죽이 너무 뜨거우니까 잘 식혀서 먹으렴."

2. 너무 뜨거운 음식은 어떻게 먹어야 하나요?

잘 식혀서 / 더 데워서 / 잘 끓여서

이 소스는 양파를 썰어서 볶은 것으로 만든다.

3. 이 소스는 양파를 어떻게 한 것으로 만든 것인가요?

잘라서 삶은 것 / 다져서 튀긴 것 / 썰어서 볶은 것

두 문장 독해 _ 두 문장으로 된 글을 읽고, 물음에 답하세요.

> 형은 요리를 무척 잘한다.
> 그래서 형의 장래 희망은 유명한 요리사이다.

1. 형의 장래 희망은 무엇인지 쓰세요.

> "엄마, 제가 도와드릴 건 없나요?"
> "그러면 이 시금치의 상한 부분을 다듬어 주겠니?"

2. 시금치의 어떤 부분을 다듬어야 하나요?

> 상한 부분 / 싱싱한 부분 / 뻣뻣한 부분 / 익은 부분

> 엄마의 나물 무침은 정말 맛있다.
> 마늘 빻은 것과 고소한 참기름을 꼭 넣으신다.

3. 나물 무침에 꼭 넣는 것은 무엇인가요?

> 깨를 빻은 것과 고소한 참기름
> 짠 소금과 달콤한 설탕
> 마늘 빻은 것과 고소한 참기름

> 카레는 여러 가지 채소와 고기가 들어 있어 영양이 풍부하다.
> 채소와 고기를 작게 썰어 카레 가루와 함께 익힌 음식이다.
> 끓이면서 저어 줘야 카레가 타지 않고 맛있게 완성된다.

1. 카레에는 무엇이 들어 있나요?

....

2. 채소와 고기는 어떻게 썰어야 하나요?

....

3. 카레를 타지 않게 끓이려면 어떻게 해야 하나요?

....

모양을 흉내 내는 말 (의태어)

• 잡채의 채소들을 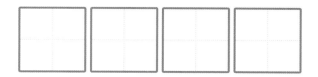 하게 썰어 넣으세요.

길쭉길쭉 : 여럿이 다 조금 긴 모양

• 엄마는 나물을 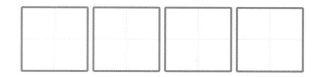 맛있게 무치셨다.

조물조물 : 작은 손놀림으로 자꾸 주물러 만지작거리는 모양

• 먹기 싫으면 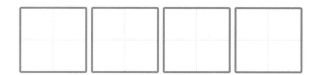 먹지 않아도 돼.

꾸역꾸역 : 음식을 한꺼번에 입에 많이 넣고 씹는 모양

• 배가 너무 고파서 밥을 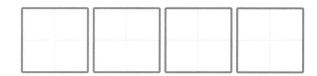 먹었다.

허겁지겁 : 급한 마음으로 몹시 허둥거리는 모양

시장이 반찬이다.

배가 고프면 반찬 없이도 밥이 맛있다는 말이에요.

역시 시장이 반찬이야.
배가 너무 고파서인지
정말 맛있어!

김칫국부터 마신다.

해 줄 사람은 생각하지 않는데 미리 바라거나, 일이 다 된 것처럼 행동한다는 뜻이에요.

선물 상자를 본 동생이
김칫국을 마셨다.

음식과 식재료 _ 관계있는 습관적으로 쓰는 말 (관용어)

입맛을 다시다.

무엇인가를 갖고 싶어 하다.

동생은
공룡 장난감을 보자
입맛을 다셨다.

파김치가 되다.

몹시 지쳐 기운이 없다.

수영장에서
열심히 놀았더니
파김치가 되었다.

글자만 같은 서로 다른 낱말 (동형어)

1 짜다

소금과 같은
맛이 있다.

2 짜다

누르거나 비틀어서
물기나 기름 같은
것을 빼내다.

3 짜다

계획이나 일정을
세우다.

● 어떤 '짜다'인지 번호를 써 보세요.

나는 공부 계획표를 꼼꼼히 짰다.　◯

거실 바닥을 닦기 위해 걸레를 씻어서 꼭 짰다.　◯

아빠가 만든 갈비찜이 너무 짰다.　◯

'이어 주는 말'을 사용하여 문장을 만들어 보세요. (문법-접속 부사)

그러므로　　하물며　　그래도　　그리고

하물며 : 앞의 사실이 그렇다면 뒤의 사실은 말할 것도 없다는 뜻의 이어 주는 말

시장을 구석구석 둘러보았다. (　　) 오이는 찾을 수가 없었다.

➡ ....

케이크를 만들 때 버터가 많이 들어간다. (　　) 설탕도 많이 들어간다.

➡ ....

"나는 달콤한 음식을 좋아해. (　　) 이 약과는 얼마나 좋아하겠니!"

➡ ....

오늘은 내가 음식을 한다. (　　) 만들기 쉬운 음식을 해야 한다.

➡ ....

한 문단 독해 1 (우화, 동화)

다음 글을 읽고, 물음에 답하세요.

"여보, 옆집에서 굴비를 나눠 줬어요. 오늘은 밥을 맛있게 먹을 수 있겠어요."

그런데 동네에서 소문난 **구두쇠** 할아버지는 이 굴비를 천장 높이 매다는 게 아니겠어요?

"이렇게 하면 한 **끼**가 아니라, 밥을 먹을 때마다 굴비를 먹을 수 있지. 밥 한번 먹고 굴비 한번 보고. 아이고, 맛있다. 당신도 따라 해 봐요. 아까우니까 한 번만 봐요. 굴비 닳지 않소."

가족들은 어이가 없었지만, 할아버지의 구두쇠 행동은 멈추지 않았어요.

구두쇠 : 돈이나 물건을 지나치게 아끼는 사람을 놀리듯 부르는 말이에요.
끼 : 아침, 점심, 저녁처럼 날마다 일정한 시간에 먹는 밥을 말해요.

1 할아버지는 어떤 일로 동네에 소문이 났을까요?

① 굴비를 좋아해서 ② 어이가 없어서

③ 구두쇠라서 ④ 굴비를 천장에 매달아서

2 구두쇠 할아버지는 굴비를 어떻게 했나요?

① 밥을 먹을 때마다 먹었어요.

② 요리를 만들었어요.

③ 가족들과 나눠 먹었어요.

④ 천장에 매달았어요.

3 '일이 너무 뜻밖이어서 기가 막히는 듯하다.'라는 뜻으로, 가족들이 할아버지의 행동을 본 생각을 어떻게 나타냈나요?

가족들은 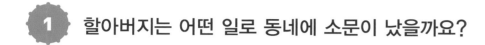가 없었지만, 할아버지의 구두쇠 행동은 멈추지 않았어요.

 가 없다.

다음 글을 읽고, 물음에 답하세요.

♥ 겨울 방학 과제 : 나만의 요리 일기 ♥

엄마와 떡볶이를 만들었다.

가게에서 파는 것처럼 맛있어서 깜짝 놀랐다.

시간은 30분쯤 걸렸고, 엄마와 나, 2명이 먹을 만큼만 했다.

다음에는 아빠와 오빠가 먹을 것까지 4인분을 만들어 봐야지!

재료는 종이컵 크기 기준으로, 떡볶이 떡 2컵, 어묵 1컵, 물 2컵, 송송 썬 대파 조금, 고추장 2숟가락, 고춧가루 1숟가락, 간장 2숟가락, 설탕 3숟가락이 필요하다.

모든 재료는 센 불에서 팔팔 끓여서 국물이 졸아들어야 한다.

제일 마지막에 대파를 넣고 1분 후에 불을 끄면 끝!

직접 만든 떡볶이를 엄마랑 함께 먹으니 즐거운 시간이었다.

1 떡볶이를 만들 때 필요 <u>없는</u> 재료는 무엇인가요?

① 떡볶이 떡   ② 고추장
③ 간장   ④ 소금

2 요리의 가장 마지막에 하는 것은 무엇인가요?

① 모든 재료를 센 불에서 끓여요.
② 재료들을 사 와요.
③ 대파를 넣고 1분 후에 불을 꺼요.
④ 재료들을 깨끗하게 씻어요.

3 떡볶이를 4명이 먹는다면 재료의 양을 얼마만큼 해야 할까요?

〈2명〉	+ 2명	〈4명〉
떡볶이 떡 2컵	+ 2컵	= 떡볶이 떡 4컵
어묵 1컵	+ 1컵	= 어묵 　　 컵
물 2컵	+ 2컵	= 물 　　 컵
고추장 2숟가락	+ 2숟가락	= 고추장 4숟가락
고춧가루 1숟가락	+ 1숟가락	= 고춧가루 　　 숟가락
간장 2숟가락	+ 2숟가락	= 간장 　　 숟가락
설탕 3숟가락	+ 3숟가락	= 설탕 6숟가락

래(來) 오다를 뜻하고
래, 내라고 읽어요.

※ 두음 법칙에 의해 '래'가 단어의 맨 앞에 올 때는 '내'로 발음됩니다.

 다음 낱말을 큰 소리로 읽어 보세요.

내일   장래   원래

내년   미래

이 글자는 보리의 뿌리와 줄기 모양이에요.

모양	뜻	소리
來	오다.	래, 내

쓰는 순서와 쓰기

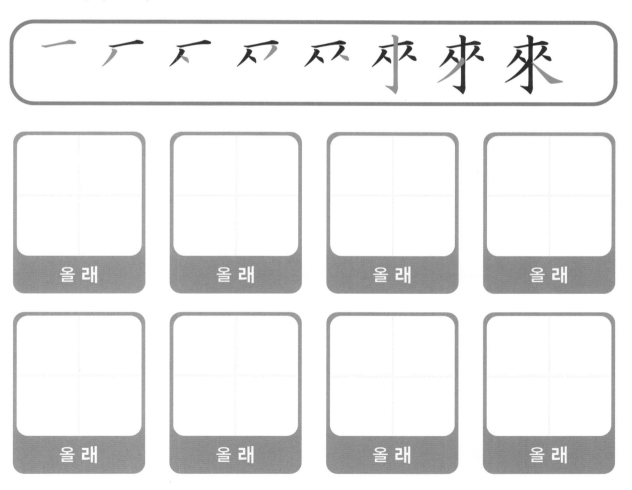

올 래	올 래	올 래	올 래
올 래	올 래	올 래	올 래

낱말에 래(來)가 숨어 있으면 그 낱말에는 '오다.'의 뜻이 들어 있어요.

낱말에 똑같이 들어 있는 글자에 동그라미 하세요.	낱말에 숨어 있는 같은 한자에 동그라미 하세요.
내일	來일 오늘의 바로 다음 날
장래	장來 다가올 앞날, 앞으로의 가능성
원래	원來 처음부터
내년	來년 올해의 바로 다음 해
미래	미來 앞으로 올 때

공통 글자는 무엇인지 써 보세요.	공통 한자는 무엇인지 써 보세요.

올 래(來)가 숨어 있는 낱말에 동그라미 하고 써 보세요. (5개)

선생님께서 내일까지 장래 희망을 생각해 오라고 하셨다. 원래 의사가 꿈이었는데 엄마와 요리하다 보니 요리사로 꿈이 바뀌었다. 사실 1년에 한 번씩은 꿈이 바뀐 것 같다. 내년에는 또 어떤 미래를 꿈꾸고 있을까?

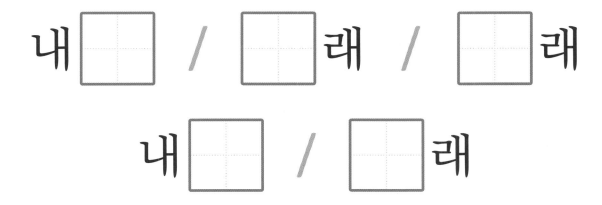

내[　] / [　]래 / [　]래

내[　] / [　]래

기본 낱말 다시 배우기 (명사)

 손으로 무엇을 만들거나 어떤 일을 하는 재주

움직임을 나타내는 말 (동사)

   음식이 변하거나 썩어서 먹을 수 없게 되다.

성질이나 상태를 꾸며 주는 말 (형용사)

"방금 딴 사과가 정말 하구나!"

신선하다 : 새롭고 산뜻하다.

모양을 흉내 내는 말 (의태어)

엄마는 나물을  맛있게 무치셨다.

조물조물 : 작은 손놀림으로 자꾸 주물러 만지작거리는 모양

속담

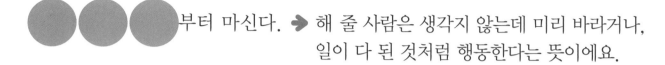 부터 마신다. ➜ 해 줄 사람은 생각지 않는데 미리 바라거나,
일이 다 된 것처럼 행동한다는 뜻이에요.

선물 상자를 본 동생이 ⬤⬤⬤을 마셨다.

습관적으로 쓰는 말 (관용어)

⬤⬤⬤ 가 되다. ➜ 몹시 지쳐 기운이 없다.

수영장에서 열심히 놀았더니 ⬤⬤⬤가 되었다.

글자만 같은 서로 다른 낱말 (동형어)

아빠가 만든 갈비찜이
너무 짰다.

- 소금과 같은 맛이 있다.
- 누르거나 비틀어서 물기나 기름 같은 것을 빼내다.
- 계획이나 일정을 세우다.

'이어 주는 말'을 사용하여 문장을 만들어 보세요. (문법-접속 부사)

 시장을 구석구석 둘러보았다. (   ) 오이는 찾을 수가 없었다.

➜ ....

오늘 한자

래(來) : **오다**를 뜻하고 **래, 내**라고 읽어요.

4주

한눈에 보는
직업과 취미

직업	직장	회사	취업	업무	열심
책임	실천	근무	회사원	경찰관	소방관
변호사	소설가	플로리스트	취미	여유
독서	게임	음악	자전거	축구	십자수

직업   생활에 필요한 돈을 벌기 위해 자기 소질이나 능력에 따라 일하는 것

플로리스트   꽃을 꾸며서 아름답고 가치 있는 작품을 만드는 사람

취미   전문적으로 하는 것이 아니라 즐기기 위하여 하는 일

여유   느긋하고 차분하게 생각하거나 행동하는 마음의 상태

직업과 취미를 나타내는 말을 알아봅시다. (동사)

일하다	힘내다	이루다	주어지다	따르다
돌보다	즐기다	다루다	출근하다	퇴근하다

힘내다 잘 마무리되거나 나아질 수 있도록 더욱 마음과 힘을 다하다.

주어지다 일, 환경, 조건이 갖추어지다.

따르다 유행이나 명령, 의견을 그대로 실행하다.

돌보다 관심을 가지고 보살피다.

즐기다 즐겁게 누리다.

다루다 물건을 사용하다.

직장과 취미는 각각 어떤 일을 하는지 따라 써 보세요.

일하다

출근하다

퇴근하다

돌보다

즐기다

다루다

직업과 취미의 성질이나 상태를 꾸며 주는 말을 알아봅시다. (형용사)

든든하다	어떤 것에 대한 믿음으로 마음이 굳세다.
피곤하다	몸이나 마음이 지치어 힘이 없다.
엄격하다	말, 태도, 규칙 같은 것이 매우 엄하고 빈틈없다.
까다롭다	다루기에 쉽지 않다.
보람차다	어떤 일을 한 뒤에 좋은 결과나 만족감이 있다.
귀엽다	예쁘고 고우며 사랑스럽다.

4주
1일

 어떤 말이 들어가야 할까요?

피곤   귀엽   보람   든든

• "네가 우리 팀의 골키퍼라서 정말   해!"

• 어제는 퇴근하고 너무   해서 눕자마자 잠들었다.

• 내가 키우는 사과나무의 꽃이 무척   다.

• 주말을   차게 보내서 기분이 좋다.

한 문장 독해 _ 한 문장으로 된 글을 읽고, 물음에 답하세요.

> 엄마가 퇴근하시면서 내가 좋아하는 빵을 사 오셨다.

1. 엄마가 언제 빵을 사 오셨는지 쓰세요.

....

> 직장 일로 바쁜 형은 시간이 주어지는 대로 운동을 한다.

2. 형은 시간이 주어지는 대로 무엇을 하나요?

> 공부 / 일 / 운동

> 우리 아빠는 주말에도 가끔 회사에 나가 일하신다.

3. 아빠는 주말에도 가끔 무엇을 하시나요?

> 요리하신다. / 일하신다. / 주무신다.

두 문장 독해 _ 두 문장으로 된 글을 읽고, 물음에 답하세요.

> 누나의 취미는 세계 여러 나라의 볼펜을 모으는 것이다.
> 여행을 가서 사 오기도 하고, 인터넷으로 주문하기도 한다.

1. 누나의 취미는 무엇인지 쓰세요.

> "어제 늦게까지 일했더니 피곤하구나."
> "아빠, 힘내세요. 제가 안마해 드릴게요."

2. 나는 아빠를 위해 무엇을 했나요?

> 노래 / 공부 / 안마 / 인사

> 나는 그림 그리는 것을 참 좋아한다.
> 공부와 숙제를 끝내고 여유가 있을 때 그림을 그린다.

3. 나는 언제 그림을 그리나요?

> 공부와 숙제를 하는 동안 틈틈이
> 공부와 숙제를 끝내고 여유가 있을 때
> 공부와 숙제를 하기 전에

우리 가족은 공통의 취미가 있다.
바로 사진 찍기인데, 좋은 풍경이 보이면 모두 카메라를 꺼내느라 바쁘다.
공통의 취미가 있으면 함께 다닐 때 재미있고, 대화도 훨씬 즐겁다.

1. 우리 가족이 공통으로 가진 것은 무엇인가요?

....

2. 우리 가족 공통의 취미는 무엇인가요?

....

3. 공통의 취미가 있을 때 좋은 점은 무엇인가요?

....

소리를 흉내 내는 말 (의성어)

- 바쁘게 돌아가는 회사에는 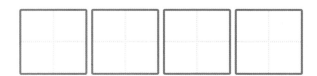 구두 소리만 가득했다.

또각또각 : 구둣발로 단단한 바닥을 잇따라 급히 걸어가는 소리

- 형이 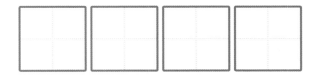 거리는 의자를 고쳤다.

삐걱삐걱 : 크고 단단한 물건이 자꾸 서로 닿아서 나는 소리

- 나의 취미는 주말마다 물에 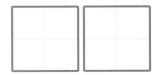 들어가 수영하는 것이다.

풍덩 : 크고 무거운 것이 물에 떨어지거나 빠질 때 무겁게 한 번 나는 소리

- 나는 엄마가 가꾸시는 정원의 꽃 화분에 시원하게 물을 주었어요.

쏴 : 물이 급히 내려가거나 나오는 소리

좋은 농사꾼에게 나쁜 땅은 없다.

모든 일은 하기 나름이라는 뜻이에요.

손가락을 다쳤는데도
열심히 공부했구나.
역시 좋은 농사꾼에게
나쁜 땅은 없지.

사공이 많으면 배가 산으로 간다.

참견하는 사람이 많아 일의 마무리가 어렵다는 뜻이에요.

사공 : 배를 운전하는 사람

사공이 많으면
배가 산으로 간다고,
의견이 너무 많아서
정하지 못하겠어.

직업과 취미 _ 관계있는 습관적으로 쓰는 말 (관용어)

남 좋은 일을 하다.

남에게만 이롭게 하다.

영희는 착해서
남 좋은 일만
하는 친구다.

온실 속의 화초

어려움을 겪지 않고 곱게 자란 사람

철수는 몸이 약해서
온실 속의 화초처럼
자랐다.

비슷한 말과 반대말 (유의어와 반의어)

비슷한 말

직장

일하다 무엇을 이루거나 돈을 벌기 위해 몸을 움직이거나 머리를 쓰다.

근무하다 직장에서 일을 하다.

작업하다 정해진 목적과 계획 아래 어떤 일을 하다.

반대말

쉬다 일이나 활동을 잠시 그치거나 멈추다.

• 비슷한 말과 반대말을 연결해 보세요.

형은 일요일에도 회사에서 　　　　　. 　　•

아빠는 구청에서 　　　　　. 　　•

누나는 주말에 일을 하지 않고 　　　　　. 　　•

영화를 만들 때는 많은 사람이 함께 　　　　　. 　　•

　•　일한다
　•　근무한다
　　작업한다

　•　쉰다

94

알맞은 문장 부호를 넣어 보세요. (문법-문장 부호)

> · : :

- · : 가운뎃점. 사용된 단어들이 같은 기준으로 묶어서 설명될 때 써요.
- : : 쌍점. 예를 들거나, 종류를 말할 때, 설명을 붙일 때, 시와 분을 구분할 때 써요.

4주
3일

병원에서 일하는 사람은 의사 (　　) 간호사 (　　) 약사 (　　) 물리 치료사가 있다.

➡

⋯⋯⋯⋯⋯⋯⋯⋯⋯⋯⋯⋯⋯⋯⋯⋯⋯⋯⋯⋯⋯⋯

미술 시간 준비물 (　　) 요구르트 병 2개, 풍선 2개, 고무줄 2개

➡

⋯⋯⋯⋯⋯⋯⋯⋯⋯⋯⋯⋯⋯⋯⋯⋯⋯⋯⋯⋯⋯⋯

소방관 (　　) 화재가 일어나면 진압하고, 재난이나 재해 및 그 밖의 위급한 상황에서 구조, 구급 활동을 하여 국민의 생명과 신체 및 재산을 보호하는 것을 직업으로 삼는 사람.

➡

⋯⋯⋯⋯⋯⋯⋯⋯⋯⋯⋯⋯⋯⋯⋯⋯⋯⋯⋯⋯⋯⋯

영화 시작 시각은 오후 12 (　　) 30입니다.

➡

⋯⋯⋯⋯⋯⋯⋯⋯⋯⋯⋯⋯⋯⋯⋯⋯⋯⋯⋯⋯⋯⋯

다음 글을 읽고, 물음에 답하세요.

구두 수선공 알렉스는 가난했지만 자기 일을 사랑했고, 일하는 것이 즐거웠어요.

어느 날, 마을의 부자가 알렉스의 노랫소리를 듣고 구두 수선집을 들여다보았지요.

'행복해 보이지만 가난한 알렉스를 좀 도와줘야겠어.'

부자는 알렉스에게 많은 돈을 선물했어요.

그런데 그날 밤부터 알렉스는 잠을 이룰 수가 없었어요.

'누가 내 돈을 훔쳐 가면 어쩌지? 이건 무슨 소리지? 도둑인가?'

어느샌가 알렉스의 얼굴에는 웃음과 행복은 사라지고 걱정과 불행만 남았어요.

구두 수선공 : 가죽을 재료로 구두나 가방을 만들고 고치는 일을 전문적으로 하는 사람이에요.

1 알렉스는 가난했지만, 행복한 이유는 무엇일까요?

① 부자가 도와줄 것으로 생각해서

② 자기 일을 사랑했고, 일하는 것이 즐거워서

③ 구두 수선 일이 너무 잘 되어서

④ 부자에게 많은 돈을 선물 받아서

2 돈을 선물 받은 알렉스가 잠을 이룰 수 <u>없었던</u> 이유는 무엇일까요?

4주
4일

① 구두 수선 일을 그만두고 싶어서

② 돈을 더 많이 벌고 싶어서

③ 누가 자기 돈을 훔쳐 갈까 봐

④ 돈을 더 많이 선물 받고 싶어서

3 알맞은 표현을 넣어 보세요.

| 많다 | 적다 | 크다 | 행복하다 | 불행하다 | 가볍다 |

• 알렉스는 부자보다 돈이 더 _____.

• 돈이 많아진 알렉스는 가난할 때보다 더 _____.

• 가난했을 때 알렉스는 돈이 많을 때보다 더 _____.

다음 글을 읽고, 물음에 답하세요.

[토론 개요서]

논제 : 어린이들의 취미 생활

쟁점 :
- 취미 생활은 어린이들에게 필요할까?
- 취미 생활을 하면 시간을 뺏겨서, 공부에 방해가 되지 않을까?

긍정 측 : 취미 생활은 필요하며, 공부에 방해 되지 않는다.

근거

1. 취미 생활을 하면 스트레스가 없어져서 공부를 더 열심히 하게 되고, 즐겁고 행복한 기분을 갖게 해서 마음 건강에 좋다.
2. '1시간 공부하면 30분 취미 생활' 이렇게 계획해서 하면 더 규칙적으로 공부할 수 있다.

반대 측 : 취미 생활은 공부에 방해가 되므로 필요하지 않다.

근거

1. 취미 생활은 재미있으니 공부하기가 싫어질 것이다.
2. 시간이 많이 드니까 공부할 시간이 모자라게 된다.

개요서 : 간단하게 추려 낸 주요 내용을 적은 것이에요.

논제 : 논설이나 논문, 토론의 주제나 제목을 말해요.

쟁점 : 서로 다투는 중심이 되는 점을 뜻해요.

1 이 토론의 쟁점은 무엇인가요?

① 취미 생활을 할 때 돈이 많이 드는가?

② 취미 생활은 어린이들에게 필요할까?

③ 취미 생활로 무엇을 할까?

④ 가장 재미있는 취미 생활은 뭘까?

2 반대 측의 생각으로 맞지 <u>않는</u> 것은 무엇인가요?

① 취미 생활은 재미있기는 하다.

② 취미 생활을 하면 공부하기 싫어진다.

③ 취미 생활은 시간이 많이 든다.

④ 취미 생활은 반드시 해야 한다.

3 오후 4시에 공부를 시작했을 때 취미 생활까지 하고 나면 몇 시일까요?

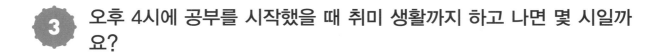 '1시간 공부하면, 30분 취미 생활' 이렇게 계획해서 하면 더 규칙적으로 공부할 수 있다.

오후 4시 + 1시간 30분

= 오후  시   분

력(力) 힘을 뜻하고
력이라고 읽어요.

 다음 낱말을 큰 소리로 읽어 보세요.

노력 실력 능력

체력 영향력

이 글자는 밭을 가는 농기구 모양이에요.

모양	뜻	소리
力	힘	력

쓰는 순서와 쓰기

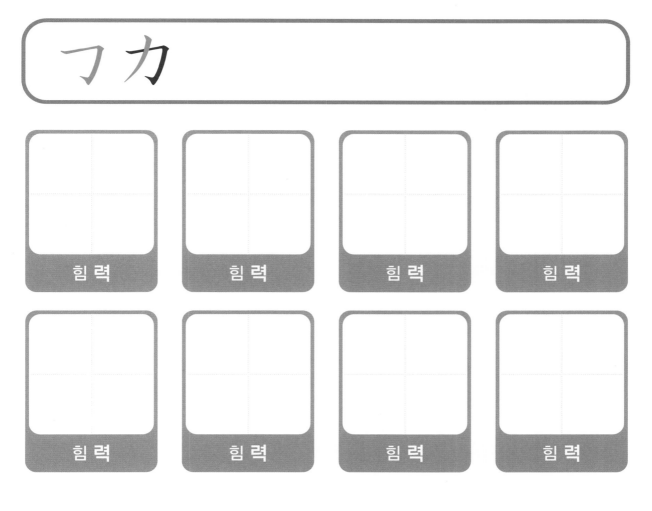

힘 력   힘 력   힘 력   힘 력

힘 력   힘 력   힘 력   힘 력

낱말에 력(力)이 숨어 있으면 그 낱말에는 '힘'의 뜻이 들어 있어요.

낱말에 똑같이 들어 있는 글자에 동그라미 하세요.	낱말에 숨어 있는 같은 한자에 동그라미 하세요.

노력

노力
원하는 것을 이루기 위하여 몸과 마음을 다하여 애를 씀

실력

실力
실제로 가지고 있는 힘과 능력

능력

능力
일을 감당해 낼 힘

체력

체力
활동을 할 수 있는 몸의 힘

영향력

영향力
보람이나 좋은 결과가 다른 것에 미치는 힘

공통 글자는 무엇인지 써 보세요.	공통 한자는 무엇인지 써 보세요.

힘 력(力)이 숨어 있는 낱말에 동그라미 하고 써 보세요. (5개)

어떤 일을 할 때 노력하는 것은 중요하다. 노력하면 내 실력이 올라가는 건 당연하고, 학습 능력도 체력도 노력하면 더 좋아진다. 나는 무슨 일이든 노력하고 열심히 해서, 많은 사람에게 선한 영향력을 끼치는 좋은 사람이 되고 싶다.

기본 낱말 다시 배우기 (명사)

◯◯ 미   전문적으로 하는 것이 아니라 즐기기 위하여 하는 일

움직임을 나타내는 말 (동사)

◯ 내 다   잘 마무리되거나 나아질 수 있도록 더욱 마음과 힘을 다하다.

성질이나 상태를 꾸며 주는 말 (형용사)

네가 우리 팀의 골키퍼라서 정말 ◯◯해!

든든하다 : 어떤 것에 대한 믿음으로 마음이 굳세다.

소리를 흉내 내는 말 (의성어)

형이 ◯◯◯◯거리는 의자를 고쳤다.

삐걱삐걱 : 크고 단단한 물건이 자꾸 서로 닿아서 나는 소리

속담

좋은 ⬤⬤⬤ 에게 나쁜 땅은 없다. ➜ 모든 일은 하기 나름이라는 뜻이에요.

손가락을 다쳤는데도 열심히 공부했구나. 역시 좋은 ⬤⬤⬤ 에게 나쁜 땅은 없지.

습관적으로 쓰는 말 (관용어)

⬤ 좋은 일을 하다. ➜ 남에게만 이롭게 하다.

영희는 착해서 ⬤ 좋은 일만 하는 친구다.

비슷한 말과 반대말 (유의어와 반의어)

형은 일요일에도 회사에서 근무한다 쉰다 .

누나는 주말에 일을 하지 않고 일한다 쉰다 .

알맞은 문장 부호를 넣어 보세요. (문법-문장 부호)

미술 시간 준비물 ( ) 요구르트 병 2개, 풍선 2개, 고무줄 2개

➜ ⋯⋯⋯⋯⋯⋯⋯⋯⋯⋯⋯⋯⋯⋯⋯⋯⋯⋯⋯⋯⋯⋯

오늘 한자

력(力) : 힘을 뜻하고 력이라고 읽어요.

力 □ □

1주

15p 어떤 말이 들어가야 할까요?
불편, 부족, 포근, 고요

16p 한 문장 독해
1. 설날   2. 송편   3. 소원을 빌어요.

17p 두 문장 독해
1. 복주머니   2. 크리스마스
3. 윷놀이를 했다.

18p 세 문장 독해
1. 1월 1일   2. 차례
3. 팽이치기, 연날리기

22p 여러 가지 뜻을 가진 낱말 (다의어)
3, 2, 1

23p '못'을 사용하여 밑줄 친 부분을 고쳐 써 보세요. (문법-부정 표현)
"깜박 잊고 크리스마스 선물 준비를 못 했어."
이번 추석에는 너무 바빠서 송편을 못 만들었어요.
오늘 밤에 비가 와서 보름달을 못 봤다.
설날인데 내 한복이 작아져서 못 입었다.

25p 한 문단 독해 1 (우화, 동화)
1. ②   2. ②   3. 설마

27p 한 문단 독해 2 (지식글)
1. ②   2. ③   3.

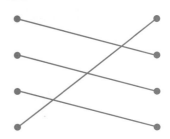

30p 낱말에 똑같이 들어 있는 글자에 동그라미 하세요.

30p 낱말에 숨어 있는 같은 한자에 동그라미 하세요.

31p 이름 명(名)이 숨어 있는 낱말에 동그라미 하고 써 보세요. (5개)
명(절)   명(함)   (서)명   명(예)   (유)명

확인 학습 32p ~ 33p

설, 바, 고요, 꼬박꼬박, 가윗날, 가윗날, 달, 달

설날인데 내 한복이 작아져서 못 입었다.
名, 名

106

107

3주

63p 어떤 말이 들어가야 할까요?
뛰어난, 적당, 신선, 유명

64p 한 문장 독해
1. 바닷가   2. 잘 식혀서
3. 썰어서 볶은 것

65p 두 문장 독해
1. 유명한 요리사   2. 상한 부분
3. 마늘 빻은 것과 고소한 참기름

66p 세 문장 독해
1. 여러 가지 채소와 고기   2. 작게
3. 저어 줘야 한다.

70p 글자만 같은 서로 다른 낱말 (동형어)
3, 2, 1

**71p '이어 주는 말'을 사용하여 문장을 만들어
보세요. (문법–접속 부사)**
시장을 구석구석 둘러보았다. 그래도 오이는
찾을 수가 없었다.
케이크를 만들 때 버터가 많이 들어간다. 그
리고 설탕도 많이 들어간다.
"나는 달콤한 음식을 좋아해. 하물며 이 약과
는 얼마나 좋아하겠니!"
오늘은 내가 음식을 한다. 그러므로 만들기
쉬운 음식을 해야 한다.

73p 한 문단 독해 1 (우화, 동화)
1. ③   2. ④   3. 어이

75p 한 문단 독해 2 (지식글)
1. ④   2. ③
3. 어묵 2컵, 물 4컵, 고춧가루 2숟가락,
간장 4숟가락

78p 낱말에 똑같이 들어 있는 글자에 동그라미 하세요.
⟨내⟩ ⟨래⟩

78p 낱말에 숨어 있는 같은 한자에 동그라미 하세요.
⟨來⟩

**79p 올 래(來)가 숨어 있는 낱말에 동그라미 하고
써 보세요. (5개)**
내(일) (장)래 (원)래 내(년) (미)래

확인 학습 80p ~ 81p

씨, 상, 신선, 조물조물, 김칫국, 김칫국, 파김치, 파김치

시장을 구석구석 둘러보았다. 그래도 오이는 찾을
수가 없었다.
來, 來

87p **어떤 말이 들어가야 할까요?**

든든, 피곤, 귀엽, 보람

88p **한 문장 독해**

1. 퇴근하시면서. 2. 운동

3. 일하신다.

89p **두 문장 독해**

1. 세계 여러 나라의 볼펜을 모으는 것

2. 안마

3. 공부와 숙제를 끝내고 여유가 있을 때

90p **세 문장 독해**

1. 취미 2. 사진 찍기

3. 함께 다닐 때 재미있고, 대화도 훨씬

즐겁다.

94p **비슷한 말과 반대말 (유의어와 반의어)**

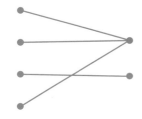

95p **알맞은 문장 부호를 넣어 보세요. (문법–문장 부호)**

병원에서 일하는 사람은 의사 · 간호사 ·

약사 · 물리 치료사가 있다.

미술 시간 준비물 : 요구르트 병 2개, 풍선

2개, 고무줄 2개

소방관 : 화재가 일어나면 진압하고, 재난이나 재해 및

그 밖의 위급한 상황에서 구조, 구급 활동을 하여 국민의

생명과 신체 및 재산을 보호하는 것을 직업으로 삼는 사람.

영화 시작 시각은 오후 12:30입니다.

97p **한 문단 독해 1 (우화, 동화)**

1. ② 2. ③ 3. 적다, 불행하다, 행복하다

99p **한 문단 독해 2 (지식글)**

1. ② 2. ④ 3. 오후 (5)시 (30)분

102p **낱말에 똑같이 들어 있는 글자에 동그라미 하세요.**

(력)

102p **낱말에 숨어 있는 같은 한자에 동그라미 하세요.**

103p **힘 력(力)이 숨어 있는 낱말에 동그라미 하고 써 보세요. (5개)**

(노)력 (실)력 (능)력 (체)력 (영향)력

확인 학습 104p ~ 105p

취, 힘, 든든, 삐걱삐걱, 농사꾼, 농사꾼, 남, 남,

근무한다, 쉰다

미술 시간 준비물 : 요구르트 병 2개, 풍선 2개,

고무줄 2개

力, 力